BERLIOZ

CONFÉRENCE

FAITE AU LYCÉE DE CHAUMONT

Le 12 Février 1891

PAR

M. Paul MATHIEU, Professeur.

CHAUMONT
TYPOGRAPHIE ET LITHOGRAPHIE CAVANIOL
1891

BERLIOZ

BERLIOZ

CONFÉRENCE

FAITE AU LYCÉE DE CHAUMONT

Le 12 Février 1891

PAR

M. Paul MATHIEU, Professeur.

CHAUMONT

TYPOGRAPHIE ET LITHOGRAPHIE CAVANIOL.

1891

A Mademoiselle Louise C...

BERLIOZ

C'est une figure singulièrement originale que celle de Berlioz, de ce musicien-journaliste, ce réformateur qui fut en même temps un admirateur enthousiaste de Glück et de Beethoven, cet étrange compositeur admiré à l'étranger, méconnu dans son pays, honni de son vivant, sacré grand homme après sa mort, comme s'il n'avait eu qu'à mourir pour que ses œuvres, déclarées inintelligibles, fussent mises au rang des chefs-d'œuvre : triomphe posthume, et, semble-t-il, d'autant plus éclatant que celui qui en était l'objet n'était plus là pour en jouir. C'est, en effet, ce même Berlioz qui mourait désespéré de la chute de son dernier opéra, le plus aimé, *Les Troyens*, à qui, il y a quatre ans, on élevait une statue à Paris, et qui l'année passée surgissait encore une fois en bronze dans son pays natal ; en l'honneur de qui les représentants du Gouvernement et les délégués de l'Institut répandaient les fleurs les plus rares de leur éloquence. Ne croyez pas que je blâme ces honneurs posthumes : Berlioz les méritait ; et c'est encore une consolation qu'un des musiciens les plus puissants et à coup sûr les plus originaux que la France ait produits, soit enfin, 20 ans après sa mort, entré dans la grande gloire et dans l'immortalité. Et n'est-il pas profondément triste que Berlioz n'ait jamais goûté dans son pays, dans cette France qu'il aimait tant, ces suprêmes joies de la célébrité et de la gloire que lui ont si libéralement distribuées (et j'en rougis) l'Allemagne, la Belgique, l'Autriche, la Hongrie, la Russie. Mais il est inutile de récriminer, et nous aurons à nous demander s'il est des raisons qui puissent, je ne dis pas excuser, mais expliquer que ce musicien novateur ait été méconnu en France, n'ait pas été prophète dans son pays.

Je voudrais vous faire connaître l'homme, et vous le faire aimer, car les deux choses se tiennent. Je voudrais aussi, et ceci est plus difficile, trouver une formule capable d'exprimer l'homme tout entier et par suite le musicien, car il est impossible de séparer l'un de l'autre. Je ne crois pas que ces lois fatales qui font qu'un homme, étant donné sa nature et le milieu dans lequel il vit, doit produire des œuvres présentant tels et tels caractères déterminés, — je ne crois pas, dis-je, que ces lois, que notre Taine a si admirablement exprimées, aient jamais trouvé une application plus évidente et plus lumineuse. — Berlioz est né musicien, et étant donné l'époque de sa naissance, les influences qui l'ont entouré et dont il a reçu la profonde empreinte, il devait être et a été un romantique. Mais entrons dans l'étude de sa vie, et tout ce que je viens de dire deviendra clair.

I

Hector Berlioz est né à la Côte-Saint-André (Isère), en 1803, c'est-à-dire qu'il est le contemporain de Victor Hugo, de Lamartine, de Vigny, de Delacroix, de David d'Angers, de toutes ces têtes de colonne du romantisme. Son père était médecin ; ce fut lui qui se chargea de l'éducation du jeune Hector. Je m'empresse de dire que celui-ci ne fut pas un enfant prodige ; le latin et le grec ne l'intéressaient que médiocrement. Mais il montrait déjà cette sensibilité presque maladive, qui devait faire de sa vie un long martyre, mais en compensation lui inspirer ses pages les plus émouvantes, le rendre capable de souffrir profondément, mais aussi d'éprouver des joies qu'une nature *vulgaire* ne saurait connaître. — Retenez ce trait, il est essentiel, et nous expliquera bien des choses. — La lecture du 4e livre de l'*Enéide* le bouleversa ; les amours d'Enée et de Didon lui arrachèrent des larmes, et son émotion fut si durable que sa dernière œuvre, les *Troyens à Carthage*, n'est que la traduction, la transposition de cet admirable 4e livre dans sa langue à lui, la langue musicale. — Berlioz avait alors 12 ans, et il aimait d'un amour d'enfant, mais si naïvement passionné ! une jeune fille de 16 ans, Estelle. Laissez-moi m'arrêter sur cet incident : il jette un jour singulier sur la nature de l'âme et de l'imagination de Berlioz.

Voilà donc Berlioz amoureux à 12 ans. Naturellement, il cache cet amour dans le secret de son cœur, et personne, Estelle moins que personne, n'est dans la confidence. — 17 ans après, il la revoit, mariée, et à sa vue tout son amour lui remonte au cœur : il s'enfuit, sans lui rien dire. Pensez-vous que c'est tout ? Non — 44 ans après, en 1864 (Berlioz avait 61 ans, Estelle 66), il la retrouve, et c'est alors seulement qu'il lui déclare son amour. Vous voyez d'ici l'étonnement, le mot n'est pas assez fort, l'ahurissement de cette vieille dame. Mais Berlioz ne voit pas qu'elle est vieille, mère d'une enfant qui va se marier, il la voit à travers le prisme enchanté de son imagination. Elle a 16 ans, elle n'a pas d'âge, c'est Elle, c'est l'Estelle qu'il n'a pas cessé d'aimer. Ne riez pas, ne criez pas à l'invraisemblance. Voici une lettre que Berlioz écrivait à celle qu'il aimait :

« Paris 28 octobre 1864. — C'est beau « la vie quand certains sentiments l'illu- « minent... Je reçois la lettre de faire « part (il s'agit du mariage de la fille « d'Estelle) ; l'adresse a été écrite par « vous, par vous, chère Madame, je re- « connais votre main !... C'est une pensée « que vous avez eue pour l'exilé... Quel « ange vous rendra le bien que vous « m'avez fait ? — Oui c'est beau la vie, « mais la mort serait plus belle : être à « vos pieds, la tête sur vos genoux, vos « deux mains dans les miennes et finir « ainsi !... »

Il est inutile, je crois, d'ajouter un mot. Voilà tout Berlioz, être de sensibilité et d'imagination, et c'est là la vraie formule qui le caractérise. Tel nous le retrouverons dans tout le cours de son existence.

Je vous ai dit que Berlioz n'avait pas été un enfant prodige. De bonne heure pourtant il manifesta son goût pour la musique. Son père lui en enseigna les premiers éléments, puis il passa aux mains d'un Alsacien, M. Dorant, qui lui enseigna tout ce qu'il savait, c'est-à-dire assez peu de chose. J'ajoute que Berlioz avait déniché et étudié en cachette le *Traité d'harmonie* de Rameau. Quoi qu'il en soit, à l'âge de douze ans, il déchiffrait à première vue, avait composé un quintette (rassurez-vous, il n'est pas dans ses œuvres complètes), et il jouait de trois instruments fort agréables en société : la flûte, la guitare et le flageolet.

M. Berlioz destinait son fils à la médecine, et ne craignez pas que je m'élève contre ce père aveugle, barbare et dénaturé, contre ce canard qui aurait donné naissance à un cygne, et ne s'en douterait pas. Non, Berlioz n'était pas encore un cygne, et son père est très excusable de n'avoir vu en lui qu'un simple canard.

Mais Hector n'avait aucun goût pour la médecine, et la musique, que son père considérait comme un simple passe-temps, était pour lui la chose essentielle. « Apprends ton cours d'ostéologie, lui dit un jour son père, et je te ferai venir de Lyon une flûte garnie de nouvelles clés. » Ce fut la première et la dernière fois, j'imagine, que l'étude de l'ostéologie fit progresser quelqu'un dans l'art de jouer de la flûte.

Le moment vint enfin où M. Berlioz dut envoyer son fils étudier la médecine à Paris. Hector partit avec un de ses compatriotes et fut profondément écœuré la première fois qu'il alla à l'amphithéâtre et assista à la dissection d'un cadavre. Mais il ne perdait pas son temps autant que son père pouvait le croire. Il s'était mis à étudier les partitions de Gluck, je parle des partitions d'orchestre, et il resta jusqu'au bout un admirateur passionné de l'apôtre de la musique expressive. L'audition de la *Vestale*, de Spontini, l'avait jeté dans des transports d'enthousiasme. La destinée de Berlioz était désormais fixée : il serait musicien. Avec l'autorisation de son père, il entra au Conservatoire dans la classe de Lesueur. Lesueur est bien oublié aujourd'hui ; mais c'était un musicien de grand talent ; c'est à lui que Napoléon, après la représentation des *Bardes*, envoya une tabatière d'or, ornée de son portrait. Berlioz composa alors quelques morceaux, qu'il détruisit plus tard, car nul ne fut plus sévère que lui pour ses essais de jeunesse. Il réussit même à faire jouer une messe, dont les frais d'exécution furent couverts par un prêt de 1,200 fr. que lui fit un de ses amis. Mais au concours pour le prix de Rome, il ne fut même pas jugé digne d'entrer en loge. Cet échec eut pour résultat de lui fermer la bourse paternelle, et dès lors commence pour Berlioz cette vie de bohême, que tant d'autres futurs grands hommes ont menée comme lui. Nous avons le manuscrit où Berlioz inscrivait ses dépenses, et j'y relève la mention suivante : 1er janvier 1827 (1er janvier ! jour où tout le monde est en fête) : Pain 0,40 c. ; c'est tout ce que mangea Berlioz ce jour-là. Cette situation ne pouvait pas durer : le futur auteur de la *Damnation de Faust* entra comme choriste au théâtre des Nouveautés, aux appointements de 50 fr. par mois. — Cette année-là, Berlioz fut admis au concours du Conservatoire ; mais sa cantate, *Orphée déchiré par les*

Bacchantes, fut déclarée inexécutable, et l'auteur mis hors de concours. Berlioz organisa alors un concert pour faire entendre son œuvre, mais les défaillances de l'orchestre le forcèrent à la retirer du programme : c'était une fatalité. Toutefois, ses autres œuvres eurent du succès, et on commença dès lors dans le monde musical à compter avec lui. Enfin, en 1830, en pleine Révolution, Berlioz eut le prix de Rome, qui fut partagé entre lui et A. Monfort, auteur d'opéras, dont le meilleur, *Polichinelle*, ne vaut pas le diable.

Pendant ces 4 ans de séjour à Paris, Berlioz avait beaucoup travaillé, puisqu'il avait fait connaissance avec les œuvres de Gluck, de Spontini, de Beethoven et de Weber ; c'est chez eux, c'est dans l'étude constante et passionnée de leurs œuvres qu'il apprit tout ce qu'il sut jamais de musique ; et il faut bien avouer qu'il aurait pu plus mal choisir. Il savait leurs partitions par cœur ; ce qui n'était pas toujours agréable pour les directeurs de l'Opéra ou les chefs d'orchestre qui se permettaient de ne pas respecter religieusement les ouvrages des grands maîtres. Il se pourrait que cette habitude ne fût pas tout à fait perdue, même à l'Académie nationale de musique. M Legouvé, dans ses *Mémoires*, raconte une scène dont il fut le témoin, et qui nous montre bien que le Berlioz de cette époque était cousin du Théophile Gautier de la première d'*Hernani*

On jouait le *Freyschütz* de Weber à l'Opéra. M. Legouvé, retour de Rome et porteur d'une lettre pour Berlioz, qu'il ne connaissait pas, assistait à la représentation. « Tout à coup, dit-il, au milieu de la ritournelle de l'air de Gaspard, un de mes voisins se lève, se penche vers l'orchestre, et s'écrie d'une voix tonnante : « Ce ne sont pas deux flûtes, misérables ! Ce sont deux petites flûtes ! deux petites flûtes ! Oh ! quelles brutes ! » — Et il se rassied indigné. Au milieu du tumulte général, je me retourne et vois à mes côtés un jeune homme tout tremblant de colère, les mains crispées, les yeux étincelants et une coiffure, une coiffure !... on eût dit un immense parapluie de cheveux, surplombant, en auvent mobile, au-dessus d'un bec d'oiseau de proie. C'était à la fois comique et diabolique ! Le lendemain matin, j'entends sonner à ma porte, je vais ouvrir, et, à peine la figure de mon visiteur entrevue :

« Monsieur, lui dis-je, n'étiez-vous pas

hier soir à *Freyschütz*. — Oui monsieur ? — Aux deuxièmes galeries ? — Oui, monsieur. — N'est ce pas vous qui vous êtes écrié : « Ce sont deux petites flûtes ? » — Sans doute ! Comprenez-vous des sauvages pareils qui ne conçoivent pas la différence qui existe… — C'est vous, mon cher Berlioz ! — Oui, mon cher Legouvé ! » Et nous voilà pour début de connaissance, nous embrassant comme du pain. »

Voilà bien l'homme qui plus tard, quand il occupera si brillamment les fonctions de critique musical au *Journal des Débats*, sera impitoyable pour les directeurs, les musiciens médiocres, les chanteurs, et je parle des plus illustres, auxquels Berlioz ne passera pas une faute de goût, une ignorance, même légère, des intentions de ces grands musiciens, ses vrais maîtres, qu'il admire si passionnément.

Voilà donc Berlioz prix de Rome. Mon Dieu, je ne voudrais pas m'élever ici contre les prix de Rome, ni contester leur utilité. Il faut n'avoir jamais été à Rome pour ignorer que c'est là, et là seulement, qu'un apprenti musicien peut connaître les grandes œuvres de Beethoven, de Weber, de Schumann, de Wagner. Ce qu'il y a de certain, c'est que le profit que Berlioz retira de son séjour en Italie fut nul. Je me trompe : il en rapporta une haine effroyable pour la musique italienne, pour Bellini, Pacini et autres compositeurs en *i*, dont les contre-sens musicaux le mettaient hors de lui. S'il avait été libre d'aller où ses goûts intimes l'appelaient, l'Allemagne l'aurait certainement attiré ; mais le règlement est formel. Il est interdit à tout pensionnaire de la Villa Médicis de franchir la frontière italienne avant un an complet de séjour. Berlioz se consola par la connaissance qu'il y fit de Liszt, le pianiste prodigieux, et de Mendelssohn, le compositeur illustre, dont le premier devait rester jusqu'à la fin son ami dévoué. Et puis il courait la campagne de Rome, les Apennins, et il trouvait moyen de grossir son bagage musical de plusieurs compositions dont quelques-unes étaient destinées à un grand avenir : l'ouverture du *Roi Lear*, de *Rob Roy*, un *Mélologue en 6 parties*, et enfin la *Captive*, écrite sur les vers d'Hugo, et qui faisait les délices du salon d'Horace Vernet, le peintre célèbre, alors directeur de l'Ecole de Rome.

Enfin Berlioz quitte l'Italie. Il rentre à Paris, décidé à s'y faire la place dont il se croit digne ; et Berlioz n'est pas modeste, jamais la place ne sera trop brillante pour le talent qu'il se reconnaît. Mais à son arrivée à Paris, il devient le héros d'un roman d'amour ; et ceci est trop important pour que je ne m'y arrête pas un instant.

En mars 1827, une troupe anglaise était venue à Paris pour y donner, en anglais, une série de représentations des chefs-d'œuvre de Shakspeare ; les meilleurs acteurs anglais en faisaient partie, Kean, Kemble, Macready et... Miss Smithson. Songez que nous sommes en pleine période romantique, que les *Méditations* de Lamartine, les *Odes et Ballades* de Hugo ont paru, et qu'au mois d'octobre paraîtra *Cromwel* et sa préface, où Shakspeare est célébré comme un Dieu. Le succès de la troupe anglaise fut immense, et le romantique Berlioz fut transporté et par le génie de Shakspeare, qu'il ignorait, et par la beauté de sa principale interprète, Miss Harriett Smithson : « L'effet de son prodigieux talent, dit-il, ou plutôt de son génie dramatique sur mon imagination et sur mon cœur n'est comparable qu'au bouleversement que me fit subir le poète dont elle était la digne interprète... Shakspeare me foudroya...

Je vis, je compris, je sentis que j'étais vivant, et qu'il fallait me lever et marcher. » C'est Saint Paul sur le chemin de Damas. Voilà donc Berlioz, pauvre, inconnu, amoureux fou de Shakspeare et de Miss Smithson,

Ver de terre amoureux d'une étoile.

Je dis de Shakspeare et de Miss Smithson, car il me semble que l'imagination de Berlioz est en jeu autant que son cœur. Est-ce Henriette qu'il aime ? N'aime-t il pas surtout en elle ces délicieuses créations de Shakspeare qui s'appellent Ophélie, Desdémone, Juliette, et qu'elle incarne avec tant de charme ? Je crains fort qu'ici encore, ce soit l'artiste et non l'homme qui soit ainsi épris, et que le cœur de Berlioz ne soit dupe de son imagination. Mais il faut croire que ces amours d'imagination peuvent aller loin ; et, en effet, du jour où Berlioz fut persuadé qu il aimait Miss Smithson, il ne songea qu'à lui faire savoir qu'il l'aimait. Il fallait pour cela attirer l'attention sur lui, montrer qu'il était digne d'elle. Il n'y avait qu'un moyen : donner un concert qui consacrerait sa gloire, et après....

Le concert eut lieu ; le succès fut grand pour Berlioz : l'ouverture des

Francs-Juges, entre autres compositions, eut un succès qui s'est renouvelé depuis et s'est maintenu jusqu'aujourd'hui. Mais hélas! miss Smithson, pour qui ce concert était donné, n'y assistait pas, elle n'en avait même pas entendu parler. N'empêche que Berlioz était amoureux ; il courait la campagne pour oublier le tourment qui le consumait ; Liszt et Chopin le suivirent, toute une nuit, à travers la plaine de Saint-Ouen. Pendant une semaine entière, on crut à son suicide ; il n'avait pas donné signe de vie, avait disparu de son domicile et on ignorait où il était allé. Mais ces crises d'imagination (j'y insiste) sont heureusement de courte durée : c'est le feu de paille qui flambe, fait croire à un incendie et s'éteint avant que les pompiers soient arrivés. Miss Smithson quitte Paris, et Berlioz l'oublie au point de s'éprendre d'une autre jeune fille, dont il devient le fiancé, et qui, après son départ pour Rome, l'oublie et en épouse un autre. Nouvelle crise chez Berlioz ; il quitte Rome, arrive à Nice, décidé à la tuer, et à se tuer après. Vous voyez que Chambige et Wladimiroff n'ont rien inventé : Je te tue, je me tue. Mais, au contraire de ces messieurs, Berlioz s'en tint à la deuxieme partie de son programme ; il essaya de se noyer, ne réussit pas ; et, le bain lui ayant rendu son sang-froid, il rentra piteusement à Rome, tout honteux de cette fugue où la musique n'était pour rien et qu'Horace Vernet lui pardonna.

Revenu à Paris, Berlioz apprit par hasard que miss Smithson, dont il n'avait pas de nouvelle depuis deux ans (je suis tenté de croire qu'il l'avait à peu près complètement oubliée) était de retour. Cette fois encore il essaya de frapper un grand coup, et il y réussit. Il donna un concert, dont le morceau de résistance était la *Symphonie fantastique*, si connue depuis, et la deuxième partie, qui lui fait suite, *Lelio, épisode de la vie d'un artiste*, avec récitatif parlé. Le sujet de ce drame musical n'est autre chose que l'histoire de son amour pour miss Smithson ; cette fois, il lui envoya des cartes et elle assista au concert. A un moment donné, Lélio (c'est Berlioz) déclame ces paroles :

« Oh ! que ne puis-je la trouver, cette Juliette, cette Ophélie, que mon cœur appelle. Que ne puis-je m'enivrer de cette joie mêlée de tristesse que donne le véritable amour, et un soir d'automne, bercé avec elle par le vent du nord sur quelque bruyère sauvage, m'endormir enfin dans ses bras, d'un mélancolique et dernier sommeil. »

Est-ce assez Ossianesque, Byronien, romantique et mil huit cent trentesque ? Miss Smithson, qu'un ami commun avait mise au courant de l'amour de Berlioz, ne pouvait plus douter qu'elle eût inspiré une vraie passion à l'auteur de l'*Episode de la Vie d'un Artiste*. Elle lui permit de la voir et tout de suite la passion de Berlioz qui, paraît il, couvait sous la cendre, se réveilla plus ardente que jamais. Il était convaincu, et sincèrement, qu'il n'avait jamais aimé qu'elle, et il le lui persuada Il lui proposa de l'épouser, elle accepta. Et Berlioz était sincèrement épris ; car ce nouveau séjour à Paris n'avait été rien moins que favorable à l'interprète de Shakspeare autrefois acclamée. Miss Smithson n'était plus une nouveauté et la curiosité parisienne était satisfaite, sinon lassée. De plus, elle se cassa la jambe, et dut renoncer au théâtre ; c'était pour elle la misère. Ce fut cette triste situation qui donna à Berlioz le courage de lui demander sa main. Riche et applaudie, il aurait peut-être renoncé à ses projets ; pauvre et malade, il n'hésita plus, il l'épousa.

Comme il arrive trop souvent, ce mariage de passion ne fut pas heureux. Miss Smithson avait un peu peur, au fond, de son volcanique époux ; cette nature bizarre la déconcertait. Pourtant elle « l'aimait bien » : c'était, comme dit M. Legouvé, une « tendresse blonde. » Mais il se produisit chez Henriette un changement analogue à celui que Corneille s'est plu à peindre dans Pauline, qui finit par se passionner pour le mari qu'elle ne faisait guère qu'estimer au début. Et, en effet, la fiancée froide devint une épouse ardente, et passa de la tendresse à l'amour, de l'amour à la passion, et de la passion à la jalousie. Mais à mesure « que le thermomètre Smithson s'élevait, le thermomètre Berlioz baissait. » Et les occupations de Berlioz, qui le mettaient en contact journalier avec le monde du théâtre (côté des dames), l'exposaient à trop de tentations pour qu'il n'y succombât pas. — On se sépara, Mme Berlioz alla habiter Montmartre, avec une pension honorable qui fut toujours régulièrement servie par son mari. — Tel est le dénouement prosaïque de ce drame de la vie de Berlioz, de cette passion éminemment poétique. Il était bien difficile à Miss Smithson de remplir l'idéal de Berlioz, de cet être d'imagination que j'essaie de vous faire connaître. Henriette n'était rien de ce que Berlioz avait cru voir en elle, ni Ophélie, ni Desdemone, ni Béatrice, ni Imogène ; c'était une bonne femme, douce et aimante, plus âgée que son mari : un sage s'en serait sans doute contenté. Ce fou de Berlioz se remit à chercher ailleurs son idéal, inutilement bien entendu. Car le propre de l'idéal est de ne pas se laisser saisir, et, comme ces ombres dont parle Virgile, de s'évanouir dès qu'on porte la main sur lui. Victor Hugo l'a dit :

L'idéal tombe en poudre au toucher du réel.

En entrant en ménage, Berlioz avait pour toute fortune une somme de 300 fr. qu'un ami lui avait prêtée. Il écrivait des feuilletons dans divers journaux, mais ce qu'il gagnait était bien maigre. Les concerts qu'il donnait et qui avaient pour résultat de faire du bruit autour de son nom ne lui rapportaient guère, les frais et le droit des pauvres emportant en général tout le bénéfice. Un de ses concerts valut pourtant à Berlioz une aubaine inespérée. En 1838, il donna, au Conservatoire, une séance musicale dont le programme comprenait, en autres morceaux, la *Symphonie d'Harold en Italie* et la *Symphonie fantastique*. L'illustre violoniste Paganini assistait à ce concert ; il devina en Berlioz un grand artiste, et le lendemain il lui envoya ce billet qui fait honneur également à celui qui l'a écrit et à celui qui l'a reçu :

« Mon cher ami, Beethoven mort, il n'y avait que Berlioz pour le faire revivre ; et moi qui ai goûté vos divines compositions, dignes d'un génie tel que vous, je crois de mon devoir de vous prier de vouloir bien accepter, comme un hommage de ma part, 20,000 fr. qui vous seront remis par M. de Rothschild, sur la présentation de l'incluse. Croyez-moi votre toujours affectionné

« Nicolo PAGANINI. »

Vous voyez que ce prétendu avare de Paganini savait, à l'occasion, délier les cordons de sa bourse. J'ajoute qu'il ne pouvait le faire plus à propos. Débarrassé désormais de tout souci pécuniaire, Berlioz put laisser pour quelque temps les feuilletons de la *Gazette musicale* et du *Journal des Débats* et s'adonner tout entier à la composition. Son admirable symphonie, *Roméo et Juliette*, date de cette époque ainsi que le *Requiem* et la *Marche funèbre et triomphale*, composés tous deux, sur commande officielle, en l'honneur des victimes de Juillet. Mais toutes ces œuvres, malgré leur haute valeur, exécutées une ou deux fois devant un public restreint, ne faisaient guère connaître Berlioz du grand public. Un musicien n'arrive, en effet, que par le théâtre. Or, le *Benvenuto Cellini* de Berlioz venait d'entrer en répétition à l'Opéra. C'est là qu'allait se jouer la grosse partie. Mais une cabale fut organisée contre la pièce nouvelle et elle était dirigée contre qui?... Je vous le donne en mille.... Contre M. Bertin, directeur du *Journal des Débats*. Berlioz paya cher l'honneur d'écrire dans une feuille ministérielle. Où diable la politique va-t-elle se nicher? *Benvenuto* fut joué trois fois.

Un autre se serait peut être découragé. Mais Berlioz avait foi en son génie. Les Français étaient des barbares, musicalement, s'entend : il irait chercher à l'étranger la gloire que ses compatriotes lui refusaient.

Dès 1842, il commença par la Belgique la série de ces voyages à l'étranger qui furent pour lui la compensation et la revanche de ses insuccès parisiens. Le voyage en Allemagne, en particulier, fut décisif pour la gloire du compositeur. Il est triste de le dire, mais la vérité est la vérité : à Berlin, le roi de Prusse mit à sa disposition le théâtre royal et les premiers artistes de la ville ; on couronnait publiquement les partitions de Berlioz ; Mendelssohn, alors le plus illustre compositeur de l'Allemagne, échangeait avec lui son bâton de chef d'orchestre. Après l'Allemagne, Berlioz visita l'Autriche : « Nos dames, écrivait un Viennois, portent des bracelets, des bagues et des boucles d'oreilles à la Berlioz, c'est-à-dire avec son portrait. » A Buda-Pest, l'exécution de la *Marche hongroise*, dont le thème est emprunté à la *Marche de Rackoczy*, qui est un air national, souleva des transports d'enthousiasme parmi les Hongrois. Un des spectateurs se précipita vers Berlioz, les larmes aux yeux, balbutiant « Ah ! Monsieur ! monsieur !... moi Hongrois... pas parler français... un poco l'italiano... Pardonnez... mon extase... Ah ! j'ai compris votre canon... oui, oui... la grande bataille... Allemands, chiens ». Et se frappant la poitrine à grands coups de poing : « Dans le cœur, moi... je vous porte... Ah ! Français révolutionnaires... Savoir faire a musique des révolutions . »

Vous le voyez, la musique de Berlioz n'était pas inintelligible pour tout le monde. Mais cette admiration que Berlioz soulevait à l'étranger ne le consolait pas des dédains de ses compatriotes. Il ne cessait de penser à la France et à Paris, et c'est à Paris qu'il voulut donner la primeur de son œuvre nouvelle, la *Damnation de Faust*. Cette symphonie dramatique, si connue aujourd'hui en France, et dont 50 exécutions aux concerts Colonne et Lamoureux n'ont pas épuisé le succès, fut jouée au milieu de l'indifférence générale. C'était en 1846, les beaux jours du romantisme étaient passés : les *Burgraves* de V. Hugo venaient d'éprouver un échec retentissant, tandis que la *Lucrèce* de Ponsard avait été portée aux nues ; le prosaïsme le plus plat régnait partout en maître, et le fameux mot de Guizot « Enrichissez-vous » semblait être devenu le programme de cette société grossièrement matérialiste. Il y avait alors à Paris un critique musical qui faisait, hélas ! autorité; car il rendait ses oracles dans la *Revue des deux-Mondes*. Il appartenait à cette école des critiques eunuques dont La Harpe a dit dans une épigramme célèbre « qu'ils ne font rien et nuisent à qui veut faire ». Il s'appelait

Scudo. C'était un Italien qui s'était essayé dans la composition et avait échoué ; son bagage musical se réduisait à quelques insipides romances longtemps chantées dans les pensionnats. Son article sur la *Damnation de Faust* serait à citer d'un bout à l'autre ; en voici quelques échantillons : « Cette étrange composition échappe à l'analyse... La Marche hongroise est un déchaînement effroyable, un amoncellement monstrueux... L'idée mélodique de la danse des Sylphes est empruntée à un chœur de Paisiello ; (l'accusation de plagiat ne pouvait pas manquer) ; dans la troisième partie, il n'y a d'un peu supportable que quelques mesures d'un menuet, etc., etc. »

Voilà comment Berlioz était apprécié en France par ce qu'on appelle la critique autorisée. L'exécution de son chef-d'œuvre l'avait ruiné. Quelques amis lui avancèrent la somme nécessaire pour se rendre en Russie, où on l'appelait. Et comme si Berlioz n'eût eu qu'à quitter la France pour être jugé comme il méritait de l'être, la *Damnation de Faust* fût accueillie à Saint-Pétersbourg avec enthousiasme et l'impératrice voulut féliciter elle-même le compositeur. Mais oui, la Czarine, le roi de Prusse, le roi de Hanovre, le grand-duc de Weimar ne dédaignaient pas de s'entretenir avec Berlioz et de lui témoigner leur admiration pour son beau génie.

La France lui réservait pourtant une compensation. Son oratorio l'*Enfance du Christ* réussit brillamment à Paris. Il est vrai que pour prévenir le parti-pris de la critique hostile, Berlioz avait eu l'idée d'attribuer son œuvre à un musicien imaginaire, Pierre Ducré, qui aurait vécu au seizième siècle et que lui, Berlioz, aurait découvert par hasard. Le stratagème réussit, et cette délicieuse partition, la plus pure inspiration peut-être de Berlioz, eut un succès éclatant. On raconte qu'une dame, enthousiasmée, disait à un journaliste placé à son côté : « Ce n'est pas votre Berlioz qui ferait cela ! » O puissance de la prévention ! Berlioz eut d'autres bonheurs : son opéra, *Beatrice et Benedict*, représenté à Bade, eut un grand succès. Puis les honneurs lui vinrent : il fut décoré de la Légion d'honneur, nommé membre de l'Institut, après s'être vu préférer Clapisson, l'auteur de la *Fanchonnette*. Mais ce ne fut qu'une éclaircie dans cette triste existence. Les soucis d'argent l'obsédaient de plus en plus. Littéralement il ne vivait que de ses appointements de critique musical aux *Débats*, et encore son obstination à donner des concerts ruineux à Paris en emportait-elle une bonne partie. Voici ce que Berlioz écrivait à cette époque : « Paris est une ville où je ne puis rien faire, et où l'on me regarde comme trop heureux de remplir la seule tâche qui me soit confiée, celle de feuilletoniste » Et quoi de plus navrant que cette page :

« Il y a deux ans, au moment où la santé de ma femme m'occasionnait le plus de dépenses, une nuit, j'entendis en songe une symphonie que je rêvais composer. En m'éveillant le matin je me rappelais presque tout le premier morceau. Je m'approchai de ma table pour commencer à l'écrire, quand je fis soudain cette réflexion : Si j'écris ce morceau, je me laisserai entraîner à composer le reste. J'emploierai peut-être trois ou quatre mois exclusivement à ce travail. Je ne ferai plus ou presque plus de feuilletons. Mon revenu diminuera d'autant ; ma symphonie terminée, j'aurai la faiblesse de la faire copier : je contracterai ainsi tout de suite une dette de 1,000 ou 1,200 francs. Une fois les parties copiées, je serai harcelé par la tentation de faire entendre l'ouvrage, je donnerai un concert, dont la recette couvrira à peine la moitié des frais ; c'est inévitable aujourd'hui. Je perdrai ce que je n'ai pas, je manquerai du nécessaire pour la pauvre malade, et je n'aurai ni de quoi faire face à mes dépenses personnelles ni de quoi payer la pension de mon fils sur le vaisseau où il doit monter prochainement. Ces idées me donnèrent le frisson, et je jetai ma plume. »

Connaissez-vous rien de plus profondément douloureux que le spectacle de ce grand homme opérant ainsi sur lui-même une sorte d'avortement moral, tuant dans le germe l'enfant de son esprit dont la venue au monde le ruinerait ? Mais il faut croire que les serments de musicien ne sont pas d'étoffe plus solide que les serments d'ivrogne. Quand M. Carvalho fonda le Théâtre lyrique et qu'il demanda à Berlioz un opéra, celui-ci n'eut pas la force de refuser. Depuis longtemps il avait en tête une œuvre gigantesque qui voulait sortir, car elle sentait bien qu'elle naîtrait pour l'immortalité. Berlioz se mit à l'œuvre avec une passion inouïe : poème et musique furent écrits en fort peu de temps, et de cette crise de travail et d'inspiration sortirent les *Troyens*, dont la deuxième partie, les *Troyens à Carthage*, fut seule jouée au

Théâtre lyrique. Cette œuvre admirable fut reçue avec une rigueur excessive. Au bout de vingt-et-une représentations, les *Troyens* disparurent du répertoire. Ce fut un coup terrible pour Berlioz qui espérait, avec cet ouvrage, établir définitivement sa renommée dans sa patrie. Il crut devoir, à la suite de cet échec, briser sa plume de critique et abandonner le feuilleton musical du *Journal des Débats*. On peut dire qu'il donnait sa démission de la vie.

Bientôt après, de cruelles douleurs, des chagrins domestiques vinrent envenimer la blessure qu'il avait reçue : Berlioz perdit sa seconde femme, qu'il avait épousée après la mort de miss Smithson, et peu après son fils unique, jeune officier de marine, qu'il aimait à la folie. Il ne put résister à tant de secousses ; sa santé, déjà fortement ébranlée, vient à s'altérer tout à coup, et, à la suite de longues souffrances, le 8 mars 1869, Berlioz rendait le dernier soupir.

J'ai essayé de vous montrer ce qu'était cet homme étrange, dont la faculté dominante était la faculté de souffrir. Sa vie est admirable d'unité : c'est un musicien, et son art a été la préoccupation constante, le centre unique de son existence. Sa sensibilité excessive a fait de lui une sorte d'écorché moral que la moindre égratignure faisait hurler de douleur.

Je voudrais, en terminant ce portrait de l'homme que fut Berlioz, y ajouter un trait.— Berlioz aimait passionnément la France; il aima cette marâtre comme une mère. Un jour on lui proposa, à lui qui n'avait rien, une place de maître de chapelle dans le palais de l'empereur d'Autriche : appointements élevés, résidence agréable, l'avenir définitivement assuré, et, ce qui le touchait le plus, presque rien à faire, le loisir par conséquent de travailler à son gré et de faire des chefs-d'œuvre. Mais il y avait une condition dans le contrat : Berlioz ne devait plus rentrer en France. Il refusa et reprit le chemin de cette patrie qui, ayant parmi ses enfants le plus grand symphoniste du siècle après Beethoven, ne lui laissait à faire que des feuilletons.

Mais l'amour ne raisonne pas. Sans doute il la maudissait cette France ingrate, mais malgré ses dédains et ses injustices, c'était sa mère, et il ne pouvait s'empêcher de l'adorer.

II

Il me reste à dire quelques mots du musicien. Rassurez-vous : je n'ai pas la compétence nécessaire pour tenter une étude technique de son œuvre musicale. Je voudrais seulement marquer la place de Berlioz parmi les artistes de tout ordre de son temps. Et d'abord une question intéressante se pose : Pourquoi Berlioz n'a-t-il pas été compris de ses contemporains français, et, par contre, pourquoi ses œuvres sont-elles connues et admirées aujourd'hui. Je crois qu'on peut en donner les raisons suivantes :

La première est une raison d'une portée toute générale. Il faut bien le dire : le public français est routinier ; une fois qu'il est habitué à telle ou telle manière de comprendre ou de sentir, il s'y tient volontiers et ne demande pas à changer : il n'aime pas à sortir de ses habitudes. Aussi toute œuvre vraiment neuve et originale a-t-elle des chances de lui déplaire, précisément parce qu'elle apporte une formule nouvelle, et qu'il faut faire un effort pour la comprendre, en saisir la nouveauté et l'originalité. Faut il citer des exemples ? Je n'ai, hélas ! que l'embarras du choix. Quand V. Hugo, dans la 2e partie de sa carrière, a changé sa manière, quand il a cessé d'être « l'enfant sublime » pour devenir le vrai Hugo, le maître puissant qui, on peut le dire, a renouvelé la langue et en a tiré des effets de sonorité et de couleur dont on ne l'aurait pas crue capable, bien des gens ont refusé de le suivre, ont vu là une décadence, et ont persisté à préférer l'auteur des *Odes et Ballades* et des *Orientales* au sublime poète de la *Légende des Siècles* et des *Contemplations*. Delacroix a été traité de barbare, avant d'être regardé comme l'égal de nos plus grands peintres. Millet, l'auteur de cet *Angelus* dont vous connaissez les étranges aventures, Millet, le grand paysagiste, a vécu et est mort dans la misère.

Cela est encore plus vrai pour la musique. Nous ne sommes pas une race de musiciens. Notre tempérament, fait tout entier de bon sens et de raison, répugne, semble-t-il, à ce qu'il y a de vague dans la musique, qui, par là même, convient admirablement à l'esprit nuageux des Allemands. Ce n'est pas notre faute, et c'est là un des défauts de nos qualités. Le fait est qu'il nous faut une plus longue éducation qu'aux Allemands et aux Russes, par exemple, pour comprendre et sentir les beautés d'une œuvre musicale, surtout quand le chant et la mélodie simple et nue n'y ont qu'un rôle secondaire. Les symphonies de Beethoven n'ont été acclimatées chez nous qu'avec la plus grande peine, et la *Symphonie avec chœur*, cette conception gigantesque et sans analogue, n'a été comprise que dans ces dernières années. Enfin croiriez-vous que le *Barbier de Séville*, ce chef-d'œuvre de clarté, de grâce vive et spirituelle, a été sifflé chez nous et déclaré inintelligible? Berlioz a souffert plus qu'un autre de cette répugnance du public français à comprendre ce qui sort des sentiers battus. Bien des personnes pensaient alors (je ne crois pas que leur espèce ait complètement disparu), que la musique est avant tout un art d'agrément, qu'elle doit plaire, et borner là ses prétentions et son rôle. La bonne musique est celle qu'on peut entendre sans se fatiguer, après un bon repas, les yeux mi-clos, celle qui berce notre somnolence et aide à la digestion. C'est pour cela qu'Auber et Adam, dont je me garderai bien de médire, ont été regardés comme les premiers musiciens de leur temps, et l'opéra-comique comme le genre éminemment national. Ce qui me console un peu, c'est que ces mêmes personnes considéraient Scribe comme le plus grand auteur dramatique du siècle, — Mais le musicien qui prétend que son art est un art sérieux, que la musique a son domaine qui lui est propre, qu'elle a le devoir d'exprimer dans sa langue à elle les sentiments et les passions que la littérature et les arts plastiques expriment dans leur langage ; que le domaine de la musique est aussi vaste qu'aucun autre, puisqu'il comprend le monde tout entier du rêve, de l'imagination et du sentiment ; que là où la poésie se déclare impuissante, la musique découvre et exprime ce qu'il y a de plus intime, de plus profond, de plus vague et de plus général dans nos âmes, — le musicien qui a cette haute idée de son art et qui tente de la réaliser dans ses œuvres est bien vite arrêté ; et pour cela il n'est besoin que d'un mot, un seul, mais terrible et décisif : musique savante, musique ennuyeuse. Comme si l'*Orestie* d'Eschyle, la *Divine Comédie* de Dante, le *Paradis perdu* de Milton, le *Polyeucte* de Corneille, l'*Hamlet* de Shakspeare, le *Faust* de Gœthe, la *Barque de Don Juan* de Delacroix étaient des choses bien gaies et bien réjouissantes. Et n'est-ce pas à cette catégorie d'œuvres immortelles qu'appartiennent la symphonie en *ut* mineur et la *Damnation de Faust*, œuvres savantes et ennuyeuses ! Mais je m'emporte, et j'ai tort. Nous avons fait des progrès : le goût de la musique, de la grande musique, s'est répandu. Cette routine dont je parlais disparaît peu à peu, et le temps n'est pas loin où il sera un peu ridicule de dire dédaigneusement « musique savante » en parlant des chefs-d'œuvre de Berlioz ou de Wagner.

Il y a encore une autre raison qui explique que Berlioz ait été méconnu : c'est qu'il n'était pas connu. — Un musicien n'apprend son nom au public qu'en faisant entendre sa musique. Les peintres ont leur salon annuel, les expositions particulières ; les écrivains trouvent facilement et à peu de frais des éditeurs. Il en est tout autrement pour les musiciens : un directeur se décide difficilement à jouer un opéra qui, le soir de la première représentation, lui aura déjà coûté cent mille francs et plus. Or, le premier opéra de Berlioz eut trois représentations, ce qui était peu encourageant pour les directeurs. Les concerts qu'il donnait étaient forcément rares ; et, d'ailleurs, les succès de concert ont peu de retentissement : un opéra qui réussit est joué cent fois ; les théâtres étrangers, les grands théâtres de province s'empressent de le monter, et l'auteur des *Cloches de Corneville* est, en peu de temps, plus connu que celui de la *Damnation de Faust*. Une symphonie, même applaudie, même acclamée, est bientôt oubliée. — Berlioz était son propre impresario, son Colonne et son Lamoureux ; tous les frais étaient à sa charge, et tel concert qui lui valut une recette de 32,000 francs, lui laissa 800 fr. de bénéfice net. Dans ces conditions, il eût fallu que Berlioz, outre son génie, eût plusieurs millions ; il ne les avait pas, et sa gloire y perdit beaucoup.

Enfin, la dernière raison est personnelle à Berlioz. Comme tous les hommes profondément convaincus, qui ont des opinions arrêtées, non des opinions en l'air, mais des opinions qui font partie intégrante d'eux-mêmes, dans lesquelles ils ont mis leur être tout entier, leur substance et leur chair, Berlioz était intolérant. Et un homme de génie ne peut pas être tolérant. Il ne peut pas être un dilettante, capable de sortir de lui-même pour se prêter aux si diverses manifestations du sentiment et de la pensée d'autrui. Il a devant lui un idéal qui l'hypnotise, et tout ce qui s'éloigne de cet idéal n'existe pas. On pourrait établir comme règle, qu'un génie est d'autant plus puissant qu'il est plus exclusif et plus intolérant. Cette intolérance, Berlioz eut, malheureusement pour lui, l'occasion de l'exprimer publiquement, puisqu'il était chargé de tenir les lecteurs du *Journal des Débats* au courant de tout ce qui se passait dans le monde musical. Vous pensez s'il s'en donna à cœur joie. Mais aussi que d'ennemis irréconciliables il se fit, vous le devinez sans peine. Chacune de ses œuvres était pour ses ennemis une occasion attendue de tomber sur l'impitoyable critique, et je vous assure qu'aucun ne manquait au rendez-vous.

Mais Berlioz avait bec et ongles et se défendait tout seul. Il avait, en effet, un réel talent de critique : ses études sur les *Symphonies* de Beethoven, sur l'*Alceste* de Glück, sur le *Freyschütz* et l'*Obéron* de Weber, sont vraiment magistrales et resteront. — Il avait aussi, ce qui est plus utile dans la polémique courante de la presse, un esprit endiablé, une verve étourdissante.

Voulez-vous savoir comment il se moquait des libretti d'opéra-comique ? Voici une troupe d'Arabes marchant à pas comptés et chantant selon l'usage : « Taisons-nous ! Cachons-nous ! Faisons silence ! » Après avoir cité quelques vers du libretto, de ces vers déplorablement plats et faciles, Berlioz, comme sans s'en apercevoir, continue dans le même style :

« Ils s'éloignent sans bruit dans l'ombre de la nuit ; mais un groupe les suit. Le caïd, gros bonhomme, le dos un peu voûté, assez peu fier en somme de son autorité, craint, en faisant sa ronde, quelque encontre féconde en mauvais coups ; puis crac ! d'être mis dans un sac, et lancé des murailles par des gens sans entrailles et de trouver la mort au port. — Il n'a pas fait vingt pas que de grands coups de gaules tombant sur ses épaules vous le jettent à bas. « Au secours ! on m'assomme ! au meurtre ! » Un galant homme fait fuir les assassins, appelle les voisins. Une jeune voisine, à la mine assassine, en jupon court, accourt. Et le battu de geindre, de crier, de se plaindre en contant l'accident. « Il me manque une dent ! J'en mourrai ! Misérable ! Il m'a rompu le rable ! Il a tapé trop dur, c'est sûr ! »

Ceci est assez inoffensif, me direz-vous? Voici qui est aussi spirituel et plus méchant. Rossini avait donné un très plat ouvrage (ce qui peut arriver à tout le monde, même à Rossini). C'étaient 3 cantiques intitulés la *Foi*, l'*Espérance* et la *Charité*. Voici le compte-rendu de Berlioz : « Son Espérance a déçu la nôtre, sa Foi ne transporte pas les montagnes, et quant à la Charité qu'il nous a faite, elle ne le ruinera pas. »

M. Carafa, l'auteur de *Masaniello*, avait fait représenter un opéra intitulé *la Grande Duchesse*. Cet ouvrage n'eut que deux représentations. Après la seconde, Berlioz se borna à citer les paroles de Bossuet dans l'oraison funèbre de la duchesse d'Orléans : Madame se meurt, Madame est morte !

Enfin vous me pardonnerez de citer le trait suivant ; mais il est si spirituel et tombe si juste, que je n'y résiste pas. M. Panseron, professeur au Conservatoire, homme considérable dans le monde musical, avait envoyé à Berlioz un prospectus annonçant l'ouverture d'un cabinet de consultations musicales, où les amateurs, auteurs de romances, pouvaient aller faire corriger leurs productions pour la somme de 100 fr. Berlioz publia la chose dans le *Journal des Débats*. Il inséra même en entier le prospectus de M.

Panseron, mais sous ce titre : *Cabinet de Consultations pour mélodies secrètes.*

En terminant, je voudrais, non pas porter un jugement sur l'œuvre musicale de Berlioz, je répète que je me déclare incompétent, mais caractériser en peu de mots la nature de son talent. Je vous l'ai dit en commençant, Berlioz est un romantique : dans le mouvement romantique, il représente la musique, comme V. Hugo la poësie et Delacroix la peinture. Il adore Shakspeare, Gœthe, Byron. Il s'est inspiré de Byron dans son *Harold en Italie*, de Gœthe dans son *Faust*, de Shakspeare dans *Roméo et Juliette*, *Béatrice* et *Bénédict*, l'ouverture du *Roy Lear*. A vrai dire, Shakspeare est son Dieu. On se figure trop que le romantisme fut une révolution purement littéraire. Tous les arts sont solidaires, et les idées, les sentiments, l'atmosphère morale qui agissent sur les littérateurs, agissent en même temps sur les artistes quels qu'ils soient, sur ces porte-paroles de la société à laquelle ils appartiennent, de l'époque à laquelle ils vivent, qui expriment, chacun dans sa langue, les passions, les aspirations, les rêves de la foule anonyme au nom de laquelle ils parlent. Poésie, peinture, sculpture, musique, autant de langages différents exprimant, aux mêmes époques, les mêmes idées.

Berlioz, comme ses contemporains, eut la passion du pittoresque (l'Orgie des brigands d'*Harold*, la danse des Sylphes, dans la *Damnation de Faust*, le chant du matelot Hylas dans *les Troyens*). Il se fit, lui aussi, chrétien et moyen âgeux, comme en témoigne cette admirable *Enfance du Christ*. Il mit en scène, lui aussi, l'Homme supérieur, désespéré de sa faiblesse et de son ignorance, qui a goûté toutes les joies de la vie et en a senti le néant ; et son Harold, son Faust, son Lelio sont assurément de la même famille que René, Antony, Ruy-Blas, Manfred, lesquels descendent en droite ligne de l'Hamlet de Shakspeare. Et de même que Victor Hugo a étudié toutes les ressources de la langue française, que Delacroix a mis à son service toute la science du coloriste, de même Berlioz a senti que les procédés musicaux employés jusqu'alors ne suffisaient pas à l'expression de sa pensée musicale. Il a fait de l'instrumentation une étude approfondie ; il a tiré des effets nouveaux de l'association ou de l'opposition des cordes, des bois et des cuivres, de telle sorte que ses partitions sont un modèle parfait de l'emploi judicieux des instruments, et que son *Traité d'instrumentation* est désormais classique. Victor Hugo a brisé, désarticulé le vers alexandrin ; il l'a rendu souple, l'a plié à toutes les nuances de la pensée moderne. Berlioz à son tour a brisé le rythme classique et convenu ; mais guidé, comme Hugo, par un goût sûr, il a tiré de ces prétendues licences des effets nouveaux et puissants. Mais c'est assez dire que pour le fond comme pour la forme, Berlioz fut romantique, c'est-à-dire révolutionnaire quand il fallait l'être et dans le bon sens du mot. — Oui, Berlioz a été un musicien original et novateur ; il n'a pas fait d'élèves, il n'a pas laissé d'école ; mais son influence sur les musiciens contemporains n'en a pas moins été profonde et féconde. Taine a dit quelque part que la poésie et la peinture étaient sans doute destinées à disparaître, ou du moins à devenir de plus en plus réalistes et scientifiques ; et que la musique resterait seule pour répondre à ce besoin de poésie et d'idéal qui durera autant que l'humanité. — Eh bien ! cet art de l'avenir, Berlioz en a eu plus qu'aucun autre l'amour exclusif, et, plus qu'aucun autre, il a contribué à l'émanciper et à le fonder.

Un mot, et j'ai fini. — Berlioz est mort

sans avoir entendu une note de la *Prise de Troie*, la première partie des *Troyens* : « O ma noble Cassandre, s'écriait-il à la fin de sa vie, mon héroïque vierge, il faut donc me résigner à ne t'entendre jamais ! » Ce cri navrant n'a ému personne. Berlioz est mort en 1869, et son œuvre, achevée en 1858, est représentée pour la première fois en 1890 — en Allemagne, à Carlsruhe. Que faut-il plus admirer, le goût musical du grand-duc de Bade ou notre sublime indifférence ? — Et c'est à Nice que revient l'honneur d'avoir fait connaître ce même opéra en France, il y a huit jours. Tous les critiques sont d'accord : c'est un triomphe pour Berlioz ! Et nous avons un Opéra subventionné à Paris : il est vrai qu'en fait de nouveauté il trouve à reprendre... *Lucie de Lamermoor*. Verdi en Italie, Wagner en Allemagne sont vénérés de tous ; tout le monde se rend compte qu'ils ont ajouté quelque chose à la gloire de leur pays. — C'est à ce titre que nous devons aimer et admirer Berlioz. Ayons le culte de nos grands hommes — car c'est en eux que palpite le cœur de la France — c'est en eux que respire l'âme même de la patrie !

www.ingramcontent.com/pod-product-compliance
Ingram Content Group UK Ltd.
Pitfield, Milton Keynes, MK11 3LW, UK
UKHW021030180726
13838UKWH00004B/1712

9 782329 341965